DEN SÖMNIGA LILLA BJÖRNEN

TEXT COURTNEY LANDIN
BILD YANDEH SALLAH

Författare: Courtney Landin
Grafisk design: Katarina Lapidoth
Illustrationer: Yandeh Sallah
Redigering: Maria Viklund och Lisa Ferland

The Sleepy Little Bear/Courtney Landin
ISBN 978-91-519-8572-5
Första upplaga

Till föräldrarna:

Denna berättelse är skriven för att hjälpa ditt barn att lära sig slappna av i kroppen och göra sig redo för att somna. Det är viktigt att ditt barn kan lära sig att slappna av och somna utan att behöva extra hjälp eftersom det gör det enklare för ditt barn att kunna somna om själv om det vaknar på natten. Det är normalt att ett barn vaknar på natten och det är hälsosamt att veta att det kan somna om när detta inträffar. Innan du börjar använda berättelsen, gå igenom de sista sidorna i boken om hur du förbereder ditt barn för en bra sömn.

Läs den här berättelsen med en mjuk, lugn och långsam röst. Du kanske känner dig lite larvig när du pratar på detta sätt, men det skapar en avslappnande känsla i kroppen. Prata tyst och långsamt medan du stannar till då och då för att ta djupa andetag genom hela boken. Om du vill, efter en dag eller två när du kan texten utantill, kan du släcka lamporna och berätta historien medan ditt barn slappnar av och lyssnar. 

Du kommer att se i boken, "paus, djupt andetag in och ut". Det är här du kommer att pausa och andas in och ut. Du kan antingen be ditt barn att göra det tillsammans med dig eller så kan du göra det själv. Om du gör det på egen hand, märker du om ditt barn också gör det.

Börja med att säga "Nu är det dags att göra dig redo för att sova. Ta ett djupt, lugnande andetag och andas sedan ut långsamt. Känn att din kropp blir tung och avslappnad i din säng. Nu ska vi läsa om den sömniga lilla björnen."

Låt oss låtsas att du är en liten björn som går
i skogen. Tänk dig en vacker, spegelblank sjö.
Sjön är väldigt stilla och rör sig inte alls. Runt
sjön växer grön skog, kvällssolen håller på att gå
ner i horisonten, det betyder att det är dags att
sova. Du märker att några av skogens andra djur
också gör sig i ordning för att sova.

Pappa Kanin håller
på att lägga kanin-
ungarna i deras
trädhåla. De mjuka
kaninungarna har
kurat ihop sig tätt
intill varandra.

Du ser hur fågelmamman nattar fågelungarna i sitt bo.
Ungarna stoppar in sina små näbbar under sina fjädrar
och blundar.

Mamma och pappa räv håller på att lägga sina valpar. De lindar in sig med sina långa svansar och de myser i sitt varma, mörka gryt.

Alla som du går förbi håller på att göra sig i ordning för att sova.

(pausa, andas in djupt och andas ut)

Du, din mamma och pappa går genom skogen på
väg hem.

Du är så sömnig eftersom du har lekt i skogen så
länge. Hela dagen har du klättrat på stenar och
kullar. Men nu är det inte lekdags längre. Nu är
det dags att sova.

(pausa, andas in djupt och andas ut)

Ni går sakta tillsammans mot er mysiga grotta.
Där är det varmt och mörkt. När du kryper in är
det dags att gå och sova.

(pausa, andas in djupt och andas ut)

Du borstar dina björntänder så att de ser rena och fina ut.
Nu är du redo för sängen.

Du kryper ner i din lilla säng. Du lägger dig under ditt varma täcke. Mamma och Pappa björn ger dig en godnattpuss och går ut ur rummet.

(pausa, andas in djupt och andas ut)

Det känns så varmt och skönt i din mörka grotta, och dina ögonlock känns så tunga.

Töm ditt huvud på tankar. Tänk på den blanka sjön som du gick förbi tidigare. Tänk på hur spegelblank vattenytan är. Föreställ dig att ditt inre är som sjön. Lugnt och stilla.

(pausa, andas in djupt och andas ut)

Din säng är så skön och din kropp blir mjuk när du sluter dina
trötta ögon. Ditt lurviga huvud känns tungt när det vilar på din
mjuka kudde. Du känner dig varm och trygg. Tänk nu på alla små
djur som du såg gå och sova. De var alla så mysiga och avslappnade
i sina sängar.

Ta ett djupt andetag och andas ut långsamt. Känn hur tung din
kropp blir när den sjunker djupare ner i sängen. Dina små björnben
slappnar av, de känns tunga och sjunker ännu djupare ner i sängen.

(pausa, andas in djupt och andas ut)

Din stora björnmage åker upp och ner när du långsamt andas in djupt, och sedan andas ut.

(Pausa, andas in djupt och andas ut)

Du känner dig trygg och varm i din säng. Du kommer att vara redo för en ny dag imorgon efter en lång natts sömn.

Din lilla kropp känns fortfarande tung och avslappnad där i sängen. Det är dags att sova nu, min lilla sömniga björn. Snart sover du.

(pausa, andas in djupt och andas ut)

Godnatt, godnatt min sömniga lilla björn.

Happy Sleep–Tips

Att somna är mer än att bara läsa en berättelse för ditt barn. Du måste hjälpa till att förbereda barnets kropp för sömn så att kombinationen av sänggåendet, rumsmiljön och en avkopplande berättelse hjälper det att somna och sova.

Sömnförberedelsen

Själva rutinen är en viktig ledtråd för ditt barns kropp då det hjälper barnet att förstå att det snart är dags att sova. Det hjälper till att förbereda kroppen och sinnet för sömn. Var noga med att begränsa hur mycket tid ditt barn tillbringar framför en skärm före sänggåendet och sätt upp en fast läggdagsrutin.

Eliminera skärmtiden

Skärmarna inkluderar tv-apparater, telefoner, surfplattor och e-läsare! Om att titta på en skärm är en del av ditt barns rutin innan läggdags, ändra tiden för när ditt barn får titta och ersätt sedan tiden vid sänggåendet med en bok istället! Varje typ av blått ljus fördröjer frisättningen eller produktionen av melatonin (sömnhormonet) och gör det mycket svårare att sova. Minst en timme utan skärmar är bäst före sänggåendet.

Rätt rumsmiljö

Se till att inreda ditt barns rum på rätt sätt. Vi sover bäst när rummet är:

MÖRKT – faktiskt så mörkt att du inte kan se din egen hand framför ditt ansikte! Använd mörkläggningsgardiner eller använd dubbla gardiner för att blockera ljus från utsidan. Om detta inte är möjligt, gör rummet så mörkt du kan.

SVALT – 16 till 20 grader eller svalare beroende på säsong. Vår kroppstemperatur sjunker innan vi somnar vilket hjälper till i själva insomningsprocessen.

TYST – ett tyst rum är den bästa sömnmiljön. Vitt brus är ett utmärkt sätt att få rummet "tyst". Vitt brus är ett tråkigt ljud som hjälper till att maskera andra ljud och billiga fläktar fungerar faktiskt bra på grund av det tråkiga ljudet de ger samt att de även håller rummet svalt.

SOVKOMPIS – ditt barn kanske gillar en sovkompis (snuttefilt, gosedjur eller liknande) som hjälper ditt barn att sova. En sovkompis är ett utmärkt sätt att lära ditt barn en viktig färdighet i att lugna sig själv. Detta ger ditt barn en chans att lära sig att hjälpa sig själv när du kanske inte kan vara där för att hjälpa till. Se till att ditt barn använder detta varje gång det sover, men använd det inte som en leksak. Det bör bara förknippas med sömn eller trygghet! Du kan använda en annan sovkompis (snuttefilt eller annat gose–djur, men INTE napp!) under dagtid eller i förskola om det är tillåtet.

Ha rätt nattningstid

Att få in rätt tid när ditt barn ska sova hjälper kroppen att utveckla en naturlig sömn-/vakenrytm (dygnsrytm). En viktig aspekt att tänka på är att gå och lägga sig tidigt, eftersom detta gör att ditt barn kan få rätt mängd sömn under natten. Tro inte att ett övertrött barn kommer att sova mer och längre, faktiskt är det tvärtom!

Barn som är ca 2,5 år gamla bör lägga sig mellan kl. 19:00 och 19:30,
och barn mellan 3,5 och 6 år bör lägga sig mellan kl. 19:30 och 20:30.

Förutom att ha rätt nattningstid för ditt barns ålder, är det också viktigt att ha en rutin för sänggåendet. Denna rutin ska vara cirka 30 minuter och ska vara samma varje kväll. Detta hjälper ditt barns kropp och hjärna att övergå till nattetid och sänder också en signal om att det är dags att sova.

Ett exempel på en nattnings-rutin ser ut så här:

- Bad (om det är badkväll vill säga)

- Pyjamas

- Borsta tänderna

- En till två lugna böcker eller lugna låtar

- Släcka lampan och sova

SOVRUTINER

1 Bad
2 Pyjamas
3 Tänder
4 Sagor
5 Säng
6 Släck ljuset
7 Godnatt!

Hjälp ditt barn att slappna av

Prata med ditt barn om hur kroppen känns. Be barnet känna hur tunga armarna och benen känns i sängen. Kan det försöka känna sig ännu tyngre? Ta långsamma, djupa andetag för att slappna av i kroppen.

Läs på ett långsamt, tyst och lugnt sätt för att främja sömnen. Du kanske kan känna dig lite larvig första gången du läser på detta sätt, lite som om du pratar med barnet som om det skulle få en massage, men detta främjar faktiskt en avslappningsreaktion i kroppen. Prata lugnt och långsamt medan du ibland stannar upp för att ta djupa andetag genom hela boken.

Visste du att det tar cirka 10-15 minuter för våra kroppar att somna och att det är normalt? Så det är okej om det tar 10 till 15 minuter efter att barnet lagt sig innan det somnar. Det är alltså hälsosamt om det tar lite tid innan de somnar, för om de somnar för snabbt kan det betyda att de är övertrötta och kan då sova sämre på natten. Att låta dem slappna av i sina kroppar innan de somnar hjälper deras övergripande sömnkvalitet, vilket leder till ett friskare barn.

Om författaren

Jag heter Courtney Landin, född och uppvuxen i USA men nu boendes i
Stockholm och är utbildad hälsocoach med fokus på familjer. Mina huvud-
ämnen när jag jobbar med familjer är motion/träning, kost och sömn för
att skapa ett så friskt leverne som möjligt i en stressig värld. Sömnen är en
av de viktigaste delarna då det påverkar humöret, tillåter barnen att växa
och utvecklas, inlärningen och även vikten. Om du bara vill göra en enda
förbättring för att få ett hälsosammare liv – börja med sömnen!

Vill du få ännu mer tips om hur du kan skapa en hälsosammare livsstil
– besök livinghealthyhappy.com

Photo by: Karin Boo